Ainsi va la vie

Lili veut jouer au foot

Dominique de Saint Mars

Serge Bloch

CALLIGRAM
CHRISTIAN GALLIMARD

Merci à Renaud de Saint Mars
pour sa collaboration.

Série dirigée par Dominique de Saint Mars

Imprimé en Italie
ISBN : 978-2-88480-797-5

Et hop, petit pont ! Je récupère de l'autre côté, le goal est trop sorti des buts, je tire de l'intérieur du pied dans la lucarne et hop !

BUUUUUT !

Elle est bonne et elle a l'air de s'amuser... Moi, je ne pourrai jamais y arriver...
Dis, Nicolas, tu pouvais pas la bloquer ?!
La honte ! Encore passé par Marlène !
Mais t'as vu comment elle dribble pour une fille, Marlène ?! Je suis dégoûté, moi j'arrête !
Alors, euh... moi je veux bien prendre la place d'Eliot ! Ah mais non, pas contre toi, Marlène !
Mais si, Lili ! Comme ça, on s'entraîne ! Adversaires, pas ennemies !

ET TOC !
YES !
Lili ! Lili ! Par ici !
ET RETOC !
NON !

T'as vu, Bruno ? Lili au moins elle joue pas perso, elle fait la passe !
Oui, mais elle n'est pas bonne en dribble...
Et elle a fait une super passe ! En plus, elle joue jamais.

Avec un peu plus de technique, tu aurais pu filer au but et marquer toi-même !!
Les garçons m'ont tellement cassée comme fille et comme nulle... Mais si tu m'entraînais... ?

Alors, vous avancez, les mecs ?!
Comment ça, les « mecs » ?!

Ben oui, les filles qui jouent au foot, surtout si elles jouent bien, c'est comme des mecs !
Pffft, comme si nous on faisait de la danse ! On serait comme des filles ! ...

* Expression qui signifie : bien faire et laisser dire sans s'occuper des autres.

Les garçons, ils ont peut-être un peu plus de force que nous, mais en tactique et en vitesse, c'est kif-kif...
Ils sont surtout beaucoup plus mauvais joueurs que nous.
Laisse tomber, Eliot, arrête d'être mauvais joueur !
Laisse, Lili, ils méritent pas qu'on leur réponde ! Ils sont juste invisibles !

Moi aussi j'aimerais bien me mettre au foot et faire partie de votre équipe !
Pour battre les garçons, ces prétentieux qui se croient toujours les plus forts, ce serait top !
Ne vous retournez pas, les filles, je crois qu'on est suivies par les machos !

Alors, les garçons manqués, on sait marquer des buts maintenant ?
Normal, nous, on a l'esprit d'équipe !

Mais contre nous, vous prendriez 5-0 ! Et en plus, vous vous disputeriez !
Nous, on la ramène pas quand on marque un but !
Et vous seriez jalouses les unes des autres !
Forcément, ça vous arrive jamais !
J'ai envie de leur taper dessus ! Heureusement que je me contrôle...
Dis donc, elle va bien jouer, ta sœur... Faudrait pas qu'elle devienne meilleure que toi !
Elle se débrouille pas trop mal pour une fille...

Maman, tu peux me faire réciter ?
Une minute... Mais alors, Lili, il paraît que tu es une championne de foot ! ...
Aïe, j'ai peur de ne plus être assez bon pour jouer avec toi, ma fille !

Je vois que Max t'a déjà tout raconté !
Oui, parce que j'avais rien d'autre à dire...

Tu ne serais pas un peu jaloux, Max ?!
Moi ? Alors là, je ne vois pas pourquoi !
Mais, Max, le champion de foot, ça reste TOI ! Euh... mais c'est pas le jour du traitement antipuces de Pompon ?
Formidable, on va avoir DEUX champions, le début d'une équipe ! En tout cas, bravo Lili !
GRR
GRR

Marlène dit qu'on pourra s'entraîner avec Leïla, sa cousine qui est capitaine de l'équipe junior...
... Génial...
T'as un ballon ?
C'est Marlène qui me le prête pour m'entraîner.
Ce qui est génial, c'est que demain on a une grande récré, on va pouvoir jouer longtemps !

* Retrouve Lucien dans *Lucien n'a pas de copains.*

* Retrouve Gene Kelly dans *Chantons sous la pluie*, et Fred Astaire dans *Entrons dans la danse*.

Moi, je vais m'entraîner avec Marlène sur le terrain de sport...

Déjà occupé par les garçons ! Faut aller ailleurs !
On n'a qu'à aller dans le garage à la maison ?

?
?

OH!
HUM!
Tap !
Tap !
Tap !
Tap !

C'est pour ça que tu ne veux plus jouer au foot ? Tu te caches ?
Non ! Mais je préfère que tu n'en parles pas !
C'est Juliette, son amoureuse, qui va être contente, elle qui aime tant la danse !
On a dit : secret, motus et bouche cousue...
Les filles, tu vois... Que des pipelettes !
Les filles, elles ne pensent pas qu'à se bagarrer et se moquer des autres !

C'est vrai que moi, j'aime bien montrer ma force, mais j'aime aussi les câlins et faire la cuisine !
Moi, j'aime bien parler, et les autres, je m'y intéresse ! Mais je sais aussi me défendre ! Allez, on joue ?
Pas moi ! J'aime pas trop me prendre des ballons sur la tête... Côté foot, je ne me sens pas comme les autres garçons qui adorent ça !
Moi, je sais jouer à la poupée... au papa et la maman, ou au docteur !
T'as le droit d'être le garçon que tu veux, Lucien !
Moi, je... je veux juste gagner !

BUUUUTTT !
J'étais en train de rêver que je marquais !
Et c'est pour ça que tu me réveilles ?!
T'es complètement obsédée par le foot ! Ah, je me demande si c'est normal pour une fille !
Normal ?! C'est plutôt toi qui es sexiste ! Les filles jouent aussi bien que les garçons, et même, elles passent tout le temps à la télé, maintenant !

Comme il y a beaucoup moins de filles que de garçons au foot, Lili a plus de chances que moi de devenir une star !
Tu seras peut-être un grand danseur de claquettes ?

Mais où tu vas ? On est en avance pour l'école !
Au terrain de sport ! voir si Leïla peut m'entraîner...

Elle a vraiment la rage ! Elle veut t'imiter !?
Ce serait trop beau ! Elle veut surtout faire mieux que moi !

Ah, voilà ta copine !
Salut, ma Lili ! À toi, maintenant !
B'jour... Euh, je ne suis pas aussi bonne que toi...
Tu as un bon équilibre, tu vas vite y arriver ! Ensuite, on va slalomer entre les plots, le plus vite possible...

AÏE !
POC !
Et avant de filer en classe, on tire au but avec l'intérieur du pied.
Vas-y, Lili ! Je me mets dans les buts.
BUUUTTTT !
Excellent !
DRIIIING !

Dépêchez-vous ! Et après-demain, avec la prof d'EPS, on organise un match garçons/filles !
Garçons contre filles ?
Non, mélangé ! Équipes tirées au sort !
Oh non, trop injuste ! Les garçons vont encore se moquer...
Mais non, c'est plus drôle ! Et il n'y a pas encore assez de filles pour faire une équipe !

Lili, qu'est-ce que c'est que ce ballon ?
C'est son ballon de foot, maîtresse ! Et Max, son frère, il s'est mis à la danse !
Et pourquoi pas, Bruno ?
Elle t'a cloué le bec, la maîtresse !
On vous clouera le bec demain !
On parie ?!

Ben ! T'es là ?! Qu'est-ce que tu fais ?
Euh... je travaille !
Tap !
Tap !
Tap !
Le bureau, c'est pour mieux t'entraîner ? Tu me montres ?
Mais défense de se moquer !

Géniaaal !
Encore cinq minutes ! Toi, t'as qu'à aller t'entraîner au garage, et après on fait nos devoirs...
CLAP
CLAP
Tap !
Tap !
Pan ! Du droit !
Pan ! Du gauche !

Mais tu joues comme une pro !
Max n'est pas avec toi ?
Non, il travaille, il est très concentré ! Tu devrais y aller !

MAX ?!
PAPA... !?
Incroyable, papa ! Je savais pas que ça existait... que je pouvais le faire ! C'est magique ! J'oublie tous mes soucis !
Tap !
Tap !
Tap !

* Préjugé, stéréotype, cliché : idée toute faite ou idée reçue sur une chose, une personne ou un groupe.

* Retrouve Max dans *Max embête les filles.*

* Retrouve Lili dans *Lili veut devenir une femme.*

Le lendemain...
Lili, équipe jaune !
On est dans la même équipe, Max, pas question qu'on ne gagne pas !!
YES!
TRIIIIIIII

Tu vois, le danseur, t'as aucune chance avec moi !
Faut tirer du côté gauche, Bruno ne sait pas plonger de ce côté-là !

VIIITE! Il ne reste que dix secondes !
La passe, c'est la classe, et c'est maintenant !
BUUUUTT!!

La gloire !
1-0 à dix secondes
de la fin du match !
Merci pour ta passe,
Max, je m'en
souviendrai !
Ça me fait
vraiment plaisir,
Lili !
Je suis dégoûté,
j'arrête le foot !
Et tu te mets
aux claquettes ?
On s'en fiche des machos !
Moi aussi, je me mets
aux claquettes !
Tap !
Tap !

Et toi...

Est-ce qu'il t'est arrivé la même histoire qu'à Lili ?
Réponds aux deux questionnaires...

Tu adores le foot ? Tu te sens aussi capable, énergique, agile qu'un garçon ? Tu aimes jouer en équipe, et gagner ?

Ça développe ton corps et ton esprit, ça t'apprend à décider, à avoir confiance en toi ? On t'encourage en famille ?

Tu penses que les filles n'ont pas à s'interdire d'aimer le foot parce qu'elles sont des filles ?

Tu n'as jamais eu envie de jouer au foot ? Tu trouves ça violent et bruyant ? Tu préfères d'autres choses ?

Tu aimerais mais tu as peur de ne pas y arriver, peur qu'on se moque de toi, de ne plus être belle et douce si tu es forte ?

Tu comprends les garçons qui n'aiment pas le foot ni la bagarre et qui font, par exemple, de la danse ?

Si tu es un garçon...

Tu n'aimes que le foot ? Tu joues tout le temps et partout ? Ça t'amuse, ça te défoule, ça te fait des copains ?

Aimes-tu jouer au foot avec les filles ? Même quand elles te battent ? Les trouves-tu moins tricheuses ?

Tu te moques des filles dès qu'elles ne jouent pas assez bien ? et des garçons qui n'aiment pas le foot ?

Tu n'aimes pas le foot ? C'est trop brutal ? Tu n'es pas bon ?
On s'est moqué de toi ? Tu te sens parfois seul ?

Tu préfères lire ? jouer ? discuter ? observer la nature ?
la danse ? les jeux vidéo ? la musique ? la natation ?

Tu trouves qu'il n'y a pas de honte à ne pas faire comme
tous les autres garçons, même si ce n'est pas facile ?

**Après avoir réfléchi
à ces questions sur les préjugés,
les idées toutes faites,
tu peux en parler
avec tes parents ou tes amis.**

Dans la même collection

1 Lili ne veut pas se coucher
2 Max n'aime pas lire
3 Max est timide
4 Lili se dispute avec son frère
5 Les parents de Zoé divorcent
6 Max n'aime pas l'école
7 Lili est amoureuse
8 Max est fou de jeux vidéo
9 Lili découvre sa Mamie
10 Max va à l'hôpital
11 Lili n'aime que les frites
12 Max raconte des « bobards »
13 Max part en classe verte
14 Lili est fâchée avec sa copine
15 Max a triché
16 Lili a été suivie
17 Max et Lili ont peur
18 Max et Lili ont volé des bonbons
19 Grand-père est mort
20 Lili est désordre
21 Max a la passion du foot
22 Lili veut choisir ses habits
23 Lili veut protéger la nature
24 Max et Koffi sont copains
25 Lili veut un petit chat
26 Les parents de Max et Lili se disputent
27 Nina a été adoptée
28 Max est jaloux
29 Max est maladroit
30 Lili veut de l'argent de poche
31 Max veut se faire des amis
32 Émilie a déménagé
33 Lili ne veut plus aller à la piscine
34 Max se bagarre
35 Max et Lili se sont perdus
36 Jérémy est maltraité
37 Lili se trouve moche
38 Max est racketté
39 Max n'aime pas perdre
40 Max a une amoureuse
41 Lili est malpolie
42 Max et Lili veulent des câlins
43 Le père de Max et Lili est au chômage
44 Alex est handicapé
45 Max est casse-cou
46 Lili regarde trop la télé
47 Max est dans la lune
48 Lili se fait toujours gronder
49 Max adore jouer
50 Max et Lili veulent tout savoir sur les bébés
51 Lucien n'a pas de copains
52 Lili a peur des contrôles
53 Max et Lili veulent tout tout de suite!
54 Max embête les filles
55 Lili va chez la psy
56 Max ne veut pas se laver
57 Lili trouve sa maîtresse méchante
58 Max et Lili sont malades
59 Max fait pipi au lit
60 Lili fait des cauchemars
61 Le cousin de Max et Lili se drogue
62 Max et Lili ne font pas leurs devoirs
63 Max va à la pêche avec son père
64 Marlène grignote tout le temps
65 Lili veut être une star
66 La copine de Lili a une maladie grave
67 Max se fait insulter à la récré
68 La maison de Max et Lili a été cambriolée
69 Lili veut faire une boum
70 Max n'en fait qu'à sa tête
71 Le chien de Max et Lili est mort

72 Simon a deux maisons
73 Max veut être délégué de classe
74 Max et Lili aident les enfants du monde
75 Lili se fait piéger sur Internet
76 Émilie n'aime pas quand sa mère boit trop
77 Max ne respecte rien
78 Max aime les monstres
79 Lili ne veut plus se montrer toute nue
80 Lili part en camp de vacances
81 Max se trouve nul
82 Max et Lili fêtent Noël en famille
83 Lili a un chagrin d'amour
84 Max trouve que c'est pas juste
85 Max et Lili sont fans de marques
86 Max et Lili se posent des questions sur Dieu
87 Max ne pense qu'au zizi
88 Lili fait sa commandante
89 Max décide de faire des efforts
90 Lili a peur de la mort
91 Lili rêve d'être une femme
92 Lili a la passion du cheval
93 Max et Lili veulent éduquer leurs parents
94 Lili veut un téléphone portable
95 Le tonton de Max et Lili est en prison
96 Max veut sauver les animaux
97 Lili est stressée par la rentrée
98 Max et Lili veulent être gentils
99 Lili est harcelée à l'école
100 Max et Lili ont des pouvoirs magiques
101 Max boude
102 Max et Lili font du camping
103 Max et Lili en ont marre de se dépêcher
104 Lili a trop honte
105 Lili invite une copine en vacances
106 Max et Lili veulent être populaires
107 Max et Lili trouvent leur cousin angoissé
108 Max et Lili vont chez Papy et Mamie
109 Max et Lili ont peur des images violentes
110 La copine de Lili n'a pas de papa
111 Max se trouve trop petit
112 Max et Lili cherchent leur métier
113 Max en a marre de sa sœur
114 Max et Lili décident de mieux mange
115 Max et Lili ont du mal à se concentr
116 La copine de Lili est en famille d'accu
117 Max et Lili ont peur de parler en pub
118 Max et Lili veulent rester en vacance
119 Max et Lili disent que c'est pas de le faute
120 Lili veut jouer au foot